이순신

이순신

김종렬 글 백보현 그림

비룡소

1545년 4월 28일, 한성(오늘날의 서울)의 한 마을에서 씩씩한 사내아이가 태어났어요.

아이의 이름은 이순신이었어요. 순신은 또래 아이들보다 몸집이 크고 힘도 셌어요. 활쏘기와 칼싸움도 아주 잘했어요. 친구들과 전쟁놀이를 할 때면 언제나 대장이었지요.

순신의 집안에는 대대로 높은 벼슬을 한 사람이 많았어요. 하지만 순신의 할아버지가 모함을 받아 억울하게 세상을 떠난 뒤로는 집안 형편이 나날이 기울었지요.
아버지 이정은 벼슬에 뜻을 버리고 가족들과 한성을 떠났어요.

순신은 외갓집이 있는 충청도 아산에서 살게 되었어요. 아산에서도 순신은 산과 들을 마음껏 뛰어다녔어요.
"돌격, 앞으로! 모두 나를 따라와!"
순신은 우렁찬 목소리로 마을 아이들을 호령했어요. 마치 용감한 장수 같았지요.

어느 날 두 형들이 순신을 불렀어요.
"아직도 철부지처럼 칼싸움만 하고 다니느냐. 아버님이 네게 얼마나 기대를 하시는지 알아야지!"
이정은 셋째 아들 순신이 벼슬길에 나가 집안을 일으켜 주기를 바랐어요. 네 명의 자식 중에 순신의 재주가 가장 뛰어났기 때문이었어요. 하지만 순신은 아버지처럼 글 읽는 선비가 되기보다, 말을 타고 군사를 부리는 장수가 되고 싶었어요.

"앞으로는 서당에 다니며 열심히 글공부를 하거라!"
순신은 고개를 푹 숙인 채 아무런 대꾸도 못했어요.

당시 조선에서는 전쟁이 일어났을 때 나라를 지키는 무관보다 글재주가 뛰어난 문관을 더 귀하게 여겼어요. 평화로운 나날이 이어지다 보니, 무관을 하찮게 생각한 것이지요.

순신은 아버지를 실망시키지 않으려고 부지런히 글을 익혔어요. 하지만 장수가 되고 싶은 꿈을 버릴 수가 없었어요.

"아버지는 내가 문관이 되길 바라시지만 나는 무관이 되고 싶으니 걱정이구나."

순신은 한숨을 푹 쉬었어요.

 어느덧 이순신은 이십 대가 되었어요. 이순신은 용기를 내 자신의 뜻을 아버지께 말씀드렸어요. 아버지는 오랫동안 이순신의 얼굴을 바라보더니 입을 떼었어요.
 "무관이 되면 많은 차별과 어려움이 있을 게다. 하지만 그 때문에 스스로 세운 뜻을 꺾어서는 안 된다. 언제나 바른길을 걷는 무관이 되거라."

이순신은 차마 고개를 들 수가 없었어요. 장수가 되겠다는 꿈을 막고 있던 사람은 아버지가 아니었어요. 바로 용기 없는 자신이었지요.

뒤늦게 무과 시험을 준비하게 된 이순신은 누구보다 열심히 무예를 익혔어요. 낮에는 말을 타며 활을 쏘고, 밤에는 전쟁하는 방법을 다룬 온갖 책을 읽었지요.

 스물여덟 살이 되던 해, 드디어 이순신은 무과 시험을 치르게 되었어요. 전국 방방곡곡에서 내로라하는 사람들이 시험장에 모여들었어요. 이순신도 말을 타고 시험장으로 갔지요.
 달리는 말 위에서 활을 쏘는 시험을 치를 때였어요. 잘 달리던 말이 갑자기 울부짖더니 우뚝 멈춰 섰어요. 이순신은 그만 말에서 떨어지고 말았지요.
 "사람이 떨어졌다! 큰일이야!"

이순신은 눈앞이 깜깜했어요. 뼈가 부러졌는지 다리를 움직일 수가 없었어요. 하지만 이순신은 그대로 시험을 포기하고 싶지 않았어요. 이를 악물고 일어선 이순신은 버드나무 가지를 꺾어 껍질을 벗기고 부러진 다리에 감싸 맸어요.

이순신이 다시 말에 오르자, 사람들이 박수를 보냈어요. 하지만 시험에는 떨어지고 말았지요.

그로부터 사 년 뒤, 마침내 이순신은 무과 시험에 합격했어요.
서른두 살의 이순신은 함경도 지방을 지키는 장수가 되었어요.
부푼 마음으로 함경도에 도착한 이순신은 깜짝 놀랐어요. 오랫동안 전쟁이 일어나지 않아 적을 막아 줄 성곽은 무너지고, 군사들은 게으름에 빠져 있었지요. 북쪽 지방에 사는 여진족이 백성들을 괴롭히고 있었지만, 관리들은 달아날 궁리뿐이었어요. 이순신은 나라의 앞날이 무척 걱정되었어요.

몇 년 뒤 한성으로 가게 된 이순신은 마음이 더욱 무거워졌어요. 한성의 관리들마저 백성과 나라를 생각하기는커녕 편을 갈라 다투고, 높은 벼슬을 차지하려는 생각만 하고 있었어요. 고치고 바로잡아야 할 일들이 너무나 많았지요.

 이순신은 언제나 옳고 그름을 따져 일을 살폈어요. 남에게 잘 보이려고 말이나 행동을 꾸미지도 않았어요.
 한번은 서익이라는 높은 관리가 이순신에게 자기와 친한 사람의 벼슬을 올려 달라고 부탁했어요.
 이순신은 주저 없이 바른말을 했어요.
 "가까운 사이라는 이유로 벼슬을 올려 주면 공평하지 못합니다. 나랏일을 사사로이 처리할 수는 없습니다!"
 서익은 부끄러움도 모른 채 이순신을 향해 부드득 이를 갈았어요.

"어쩌자고 그랬나? 높은 관리에게 미움을 받으면 출세할 수 없다는 것도 모르나!"

서익과의 일을 알게 된 친구들이 걱정스레 말했어요. 대나무처럼 곧고 바르기만 한 이순신이 다칠까 걱정한 거예요.

아니나 다를까 얼마 뒤 이순신과 서익은 다시 만나게 되었어요.

이순신이 전라도 발포(오늘날의 전남 고흥군)에서 바다를 지키고 있을 때였어요. 한성에서 높은 관리가 이순신이 맡은 일을 잘하는지 감시하러 내려왔어요. 그 관리는 바로 서익이었어요.

"나를 기억하는가!"

서익은 음흉한 미소를 지었어요. 이순신을 혼쭐낼 속셈이었지요.

한성으로 돌아간 서익은 임금에게 거짓을 말했어요.

"무기가 모두 녹슬어 엉망이니 이순신을 어찌 용서할 수 있겠나이까."

이 일로 이순신은 벼슬이 낮아졌어요. 하지만 이순신은 서익을 원망하지 않았어요. 옳고 그름을 가리지 못하는 모습이 안타까울 뿐이었지요.

이순신이 억울하게 관직에서 쫓겨났다는 소식을 듣고 어린 시절부터 친구인 유성룡이 찾아왔어요. 유성룡이 나이가 세 살 더 많았지만 둘은 서로를 존중하며 우정을 나누는 사이였어요.

"율곡 대감을 만나 보시지요. 대감께서도 만나고 싶어 하십니다. 아마도 도움을 주실 수 있을 겁니다."

유성룡은 이조 판서(오늘날의 행정부 장관)인 율곡 이이를 만나 보기를 권했어요.

"율곡 대감은 학식이 높은 분이라 만나 뵙고 싶습니다. 하지만 율곡 대감께서 높은 벼슬을 하는 동안 찾아가는 것은 옳지 못합니다. 그분께 해가 될 것입니다."

이순신은 고개를 저으며 대답했어요. 혹시라도 벼슬자리를 부탁하러 가는 것처럼 보일까 염려했던 거예요.

유성룡은 이순신의 말에 새삼 고개가 숙여졌어요. 이순신이라면 어떤 어려움이 있어도 언제나 옳고 바른 길을 걸어가리라는 믿음이 더욱 굳어졌지요.

이순신은 이곳저곳을 떠돌며 벼슬살이를 했어요. 이순신을 못마땅하게 여기는 관리들 때문에 높은 벼슬에 오르지 못했어요. 그래도 이순신은 어느 곳에서든 마음을 다해 백성들을 살피고 맡은 일을 묵묵히 해냈지요.

이순신은 마흔다섯 살이 되어서야 전라도 정읍을 다스리는 현감이 되었어요.

그 무렵, 바다 건너 일본에서 무시무시한 이야기가 들려오기 시작했어요. 일본을 통일한 도요토미 히데요시가 조선에 쳐들어오려고 한다는 소문이었어요. 일본군은 훈련이 잘되었고, 포르투갈 상인들에게 받은 조총이라는 새 무기도 가지고 있었어요. 하지만 조선 사람들은 나라 밖에서 무슨 일이 일어나는지 전혀 몰랐지요.

"명나라를 치려 하니 조선은 길을 빌려 달라!"
 도요토미는 억지를 부리며 군사를 이끌고 조선 땅에 들어오려 했어요.
 선조 임금은 부랴부랴 일본에 관리들을 보냈어요.
"저들의 속셈이 무엇인지 알아 오라!"

돌아온 관리들은 저마다 다른 이야기를 했어요.
"도요토미는 야심이 크고 위험한 인물입니다. 하루 빨리 전쟁에 대비해야 합니다!"
"도요토미는 말만 앞세우는 보잘것없는 자입니다. 조선을 침략할 리 없습니다!"
관리들이 결론을 내리지 못한 채 우왕좌왕 다투었어요. 선조는 우선 능력 있는 장수들을 충청도, 전라도, 경상도로 내려보냈어요. 이순신은 유성룡의 추천으로 전라도에 가게 되었지요.

1591년, 이순신은 전라도의 수군을 다스리는 전라좌도 수군절도사가 되었어요.
　여수에 도착한 이순신은 기가 찼어요. 온 나라가 전쟁 소문으로 뒤숭숭한데, 무기는 녹슬어 쓸 만한 것이 없고, 바다를 지킬 배는 낡고 썩어 있었어요. 군사들도 훈련이 되어 있지 않았지요.
　"왜적(임진왜란 당시 일본군을 부르던 말)이 언제 들이닥칠지 모르는데 어찌 이리도 준비가 부족하단 말이냐. 이런 정신으로 어떻게 적과 맞서 싸우겠는가!"
　이순신은 부하 장수들과 군사들을 한데 모아 놓고 크게 호통을 쳤어요.

장수들과 군사들은 그런 이순신을 달가워하지 않았어요.

'많은 군사를 다스려 본 적도 없는 수군절도사를 누가 따를 줄 알고?'

이순신은 군사들의 마음을 얻지 못하면 적을 막아 낼 수 없다는 것을 알았어요.

'내가 부족한 것을 알고도 모른 체한다면 어찌 군사들이 나를 믿고 따르겠는가!'

이순신은 마음을 굳게 먹고 정걸 장군을 찾아갔어요.

 정걸 장군은 경상도와 전라도에서 여러 번 수군절도사를 맡았던 경험이 있었어요. 조선 수군이 타는 판옥선(널빤지로 지붕을 덮고 그 위에 망루를 올린 전투용 배)도 정걸 장군이 만들었지요.
 "조방장이 되어 부족한 저를 도와주십시오."
 정걸 장군은 이순신을 뚫어져라 바라보았어요. 조방장은 수군절도사의 손과 발이나 다름없는 역할이었어요.
 "이 늙은이라도 괜찮다면 기꺼이 돕겠소이다."
 유성룡이 그랬듯 정걸 장군도 나라를 걱정하는 이순신의 진심을 알아보았어요. 부족함을 감추지 않고 기꺼이 도움을 청할 줄 아는 이순신이야말로 현명한 장수라고 생각했지요.

정걸 장군이 이순신의 조방장이 되었다는 소식에 사람들은 깜짝 놀랐어요.

"새로 온 수군절도사께서 진심으로 전쟁을 걱정하시나 보오. 우리도 믿고 따라야겠소."

정걸 장군의 마음을 얻은 이순신은 백성들과 부하들의 믿음까지 한꺼번에 얻을 수 있었어요. 비로소 모두가 한마음이 되어 일본군의 침략에 맞설 준비를 할 수 있게 되었지요.

이순신은 군영(군대가 머무는 장소)을 돌며 작은 무기 하나까지 꼼꼼히 살폈어요. 싸움에 쓸 배를 만들고, 새로운 무기도 개발했지요.

직접 배를 타고 바다를 둘러보기도 했어요. 남해에 섬이 얼마나 많은지, 물살은 얼마나 빠른지 살펴보기 위해서였어요. 때로는 물길과 섬의 해안선 모양을 알아보려 어부들의 얘기를 듣기도 했지요.

　낯선 바다를 꼼꼼히 조사하는 데는 오랜 시간이 걸렸어요. 드넓은 바다를 바라볼 때면 이순신은 마음이 타들어 가는 것만 같았어요.

　'어서 서둘러야 한다. 왜적은 기다려 주지 않는다!'

이순신은 몸을 돌보지 않고 밤낮없이 바다를 살폈어요. 부하들은 근심이 이만저만이 아니었어요.
"이러다 쓰러지실까 걱정입니다!"
"물길을 모르면 왜적을 막을 수 없다. 험한 바다와 거센 물살은 우리에게도 위험하다."
그런데 물길을 잘 아는 것만큼이나 중요한 것이 남아 있었어요. 바로 배였지요.

당시 일본 배는 조선의 판옥선보다 훨씬 빨랐어요. 이순신은 일본 배에 뒤지지 않을 만큼 날래고 튼튼한 배를 만들고 싶었어요. 하지만 여러 날을 고민해도 좋은 수가 떠오르지 않았어요. 그러던 어느 날, 나대용이라는 무관이 기이한 설계도를 들고 이순신을 찾아왔어요.

"장군님께서 배를 만드신다기에 찾아왔습니다."

설계도에는 새로운 판옥선이 그려져 있었어요. 이순신은 눈앞이 밝아지는 것 같았어요.

"지붕에 뾰족한 철 송곳을 박고 사방에 화포를 달아 적의 배를 쏠 수 있게 하면 더 좋겠구나!"

이순신과 나대용은 머리를 맞대고 거북선을 만들었어요.

　거북선은 조선의 바다를 지켜 줄 든든한 수호신이었어요. 거북선이 화포를 쏘며 여수 앞바다를 힘차게 가르자, 구경 나온 백성들이 탄성을 터뜨렸어요. 이순신은 가슴이 벅차올랐어요.
　하지만 거북선을 만든 기쁨도 잠시, 얼마 지나지 않아 일본군이 조선에 쳐들어왔어요. 이순신이 걱정했던 대로 전쟁이 터지고 만 거예요.
　1592년 4월 13일, 일본군이 수백 척의 배를 끌고 부산 앞바다로 몰려왔어요. 일본군은 단숨에 부산을 무너뜨렸어요. 조선군은 일본군이 쏘아 대는 조총에 겁을 먹어 제대로 싸우지도 못했지요.

 그 소식을 들은 이순신은 가슴이 무너지는 것 같았어요. 일본군은 이미 닥치는 대로 조선 땅을 짓밟으며 한성으로 향하고 있었어요. 한 달이 채 못 되어 수도인 한성마저 빼앗기자 선조는 피란길에 올랐어요.

조선 땅은 금세 불바다가 되었어요. 이순신은 타들어 가는 가슴을 누르며 일본군을 공격하러 나갈 때를 기다렸어요. 하지만 급히 피란을 가던 선조는 공격 명령을 내릴 겨를이 없었어요.

그때 경상도의 수군을 다스리는 경상우도 수군절도사 원균이 이순신에게 다급히 도움을 청했어요.

"전투 준비를 마치고 우리를 좀 도와주시오!"

"전하의 명령 없이는 움직일 수 없습니다. 조정에 먼저 연락하고 도우러 가겠습니다!"

급박한 상황에서도 이순신은 침착했어요. 전라도의 수군을 모으고 판옥선을 갖추어 옥포(오늘날의 거제도 부근)로 떠났지요. 나라를 지키기 위해 준비해 온 시간이 헛되지 않았다는 걸 따끔하게 보여 줄 때였어요.

옥포 앞바다에 다다르자, 하늘 높이 치솟는 불화살이 보였어요. 일본군을 발견했다는 신호였어요.

멀리서 오십여 척의 배가 다가오는 모습이 보였어요.

"가볍게 움직이지 마라! 태산처럼 무겁게 나아가라!"

이순신은 잔뜩 굳은 군사들을 향해 천둥 같은 목소리로 소리쳤어요.

"북을 울려라! 있는 힘을 다해 싸우라!"

이순신이 다시 한번 크게 외치자, 조선 수군이 화포를 펑펑 쏘며 일본 배를 향해 나아갔어요.

갑작스러운 기세에 놀란 일본군은 슬금슬금 뒤로 물러서기 시작했어요.

"지금이다! 때를 놓치지 마라! 화포를 쏘아라!"

조선 수군은 달아나는 일본군을 맹렬히 공격했어요. 일본군은 수십 척의 배를 잃고 혼쭐이 나 도망쳤지요. 임진왜란이 시작되고 조선군이 거둔 첫 번째 승리였어요.

이순신은 가는 곳마다 일본군을 물리쳤어요. 거북선을 처음 본 일본군은 깜짝 놀라 온몸을 부르르 떨었어요.
"저것이 무엇이냐? 배가 아니라 괴물이구나!"
일본군이 황급히 조총을 쏘았지만 거북선은 끄떡없었어요. 거북선이 돌진하자 일본 배들은 산산이 부서졌어요. 바다는 일본군의 비명 소리로 가득찼어요.
"육군은 계속 이기는데, 어찌하여 수군은 번번이 패하느냐. 이순신이 그리도 대단하단 말이냐!"
도요토미는 불같이 화를 냈어요. 육지에서 일본군은 이미 평양까지 올라가 있었어요. 선조는 일본군을 피해 더 위쪽인 의주로 피란을 갔지요.
"무슨 수를 쓰든 이순신이 지키는 바다를 빼앗아라!"
일본군과 배들이 거제도 앞바다로 모여들었어요. 그러나 이순신은 이미 일본군의 움직임을 짐작하고 있었어요.

"왜적의 배 칠십여 척이 견내량(오늘날의 거제도와 통영 사이 바다)에 모여 있습니다! 당장 칩시다!"

마음이 급한 장수들이 곧바로 쳐들어가자고 주장했어요. 하지만 이순신의 생각은 달랐어요.

"견내량은 바다가 좁고 암초가 많아 싸우기에 불리하오. 왜적을 한산도 앞바다로 꾀어내 물리쳐야 하오."

이순신은 날렵한 배 몇 척을 보내 일본 배들을 끌어내기로 했어요.

조선 수군이 싸우러 오다가 도망치는 척하자 일본군이 의기양양하게 소리쳤어요.

"겁에 질려 달아나다니, 이순신도 별것 아니구나! 어서 뒤쫓아라!"

일본군이 견내량을 지나 넓은 한산도 앞바다로 몰려나오기 시작했어요.

"이때다! 모두 배를 돌려 학익진을 펼쳐라!"

조선 수군은 일제히 뱃머리를 돌려 학이 날개를 펼치듯 일본군을 순식간에 에워쌌어요.

"대포를 쏘아라! 불화살을 날려라!"

일본군은 그제야 함정에 걸려든 것을 깨달았어요. 부랴부랴 배를 돌려 도망치려 했지만 수많은 배들이 서로 부딪치며 바닷속으로 가라앉았어요. 이순신의 빛나는 전략이 만들어 낸 승리였어요.

1593년, 이순신은 경상도, 전라도, 충청도의 바다를 튼튼하게 지키는 삼도 수군통제사가 되었어요. 일본군은 이순신의 이름만 들어도 벌벌 떨었어요. 감히 조선의 바다를 넘볼 엄두를 내지 못했지요.

　육지에서도 서서히 승리의 소식이 들려왔어요. 나라를 지키기 위해 스스로 뭉친 백성들과 조선을 도우러 온 명나라 군대에 밀려 일본군은 남쪽으로 쫓겨 갔어요.

　싸움이 불리해지자 일본군은 경상도의 바닷가에 성을 쌓고 밖으로 나오지 않았어요. 그러면서 전쟁을 질질 끌었어요.

전쟁이 잠시 멈춘 동안에도 이순신은 쉬지 않았어요. 전투에서 숨을 거둔 군사들을 고향에 묻어 주고 남은 가족들을 돌봐 주었어요. 다친 군사들에게는 약을 나누어 주고 치료도 해 주었지요. 이순신은 일본군을 벌벌 떨게 한 장군이었지만, 조선 군사들에게는 마음 따뜻한 지휘관이었어요.

"이순신이 있는 한 바다에서는 이길 수가 없다. 반드시 이순신을 없애라!"

이순신이 두려웠던 일본군은 거짓 소문을 퍼뜨리는 음모를 꾸몄어요.

"왜적 대장 가토가 곧 군사들을 이끌고 조선으로 올 것이다. 배가 오는 길목에서 기다리면 단숨에 붙잡을 수 있다!"

선조는 일본군이 흘린 거짓 소문을 전해 듣고 이순신에게 가토를 잡으라고 명령했어요.

이순신은 이 소문이 일본군의 속임수라는 걸 눈치챘어요. 무턱대고 나섰다가는 숨어 있던 일본군에게 공격을 받아 조선 수군을 모두 잃을 수도 있었어요. 그렇다고 임금의 명령을 어길 수도 없었지요.

이순신은 곰곰이 고민하며 바로 수군을 움직이지 않았어요. 일본군이 꾀를 내어 거짓 소문을 낸 것이라고 생각했기 때문이지요.

사실 가토는 이미 조선에 들어와 있었어요. 이순신의 판단이 옳았던 거예요. 하지만 선조는 이순신이 가토를 없앨 기회를 놓쳤다며 펄쩍 뛰었어요.

"명령을 어긴 이순신을 당장 한성으로 끌고 오너라!"

이순신은 순식간에 죄인이 되어 끌려갔어요. 백성들이 눈물을 흘리며 슬퍼했지만 막을 수가 없었지요.

감옥에 갇힌 이순신은 모진 고문을 당했어요. 이순신을 눈엣가시로 여기는 관리들 때문에 죽을 뻔하기도 했어요. 다행히 유성룡을 비롯해 많은 사람들이 이순신을 위해 나서 주었어요.

"군사들이 이순신을 믿고 따르며, 일본군은 누구보다 이순신을 두려워합니다. 이처럼 뛰어난 장수는 다시 얻기 어려울 것입니다!"

선조는 망설였어요. 이순신에게 죄를 묻고 싶었지만, 들추어 낼 다른 죄가 있지도 않았지요.
"이순신을 권율 밑에서 백의종군(벼슬 없이 군대를 따라 전쟁터로 나가는 것)하게 하라."
백의종군을 명령받은 이순신은 벼슬을 잃고 한낱 군사가 되어 다시 전쟁터로 가게 되었어요.
그런데 이순신에게 날벼락 같은 소식이 전해졌어요. 이순신을 만나러 오던 어머니가 숨을 거두었다는 소식이었어요.

"아, 어머니! 어머니!"

이순신은 하늘이 무너져 내리는 것만 같았어요. 죄인의 몸이 된 데다, 어머니마저 돌아가시니 그 슬픔이 이루 말할 수가 없었어요.

'하늘과 땅 사이에 나 같은 사람이 또 어디 있을까. 차라리 죽는 편이 더 낫겠구나.'

이순신은 어머니의 무덤 앞에서도 오래 머무를 수가 없었어요. 권율 장군이 있는 남쪽으로 서둘러 떠나야 했지요.

이순신이 사라지기만을 기다렸던 일본군은 수백 척의 배를 이끌고 부산 앞바다로 쳐들어왔어요. 조선 수군은 제대로 힘 한번 못 써 본 채 크게 패했어요. 수많은 배가 부서지고 셀 수 없이 많은 군사들이 목숨을 잃었지요.

선조는 비로소 자신의 잘못을 깨달았어요. 이순신이 없는 수군과 바다는 더 이상 조선의 것이 아니었어요.

"그대는 일찍이 왜적을 무찌르고, 군사들도 그대를 믿고 따랐다. 그런데 그대에게 죄를 묻고 왜적에게 패하였으니 무슨 할 말이 있으랴."

선조는 이순신을 다시 경상도, 전라도, 충청도의 바다를 다스리는 삼도 수군통제사로 임명했어요. 그러나 이순신에게 남은 것은 고작 열두 척의 배와 백여 명의 군사들뿐이었어요. 벼랑 끝에 서 있었지만 이순신은 포기하지 않았어요. 오직 일본군을 물리치겠다는 다짐만을 가슴 깊이 새기고 또 새겼지요.

"신에게는 아직 싸울 수 있는 열두 척의 배가 있나이다. 신이 죽지 않았으니 왜적이 우리를 업신여기지 못할 것입니다!"

이순신은 남은 수군을 이끌고 울돌목으로 향했어요. 울돌목은 진도와 해남 사이에 있는 폭이 좁은 해안이었어요. 물살이 아주 세차고 빨라 흐르는 물소리가 울음소리처럼 들린다고 '명량'이라 불렸지요. 하루에도 여러 번 물의 흐름이 바뀌는 변화무쌍한 곳이었어요.

이순신은 울돌목에서 적과 싸우기로 결심했어요. 배 한 척을 더 보탰지만 조선 수군의 배는 고작 열세 척뿐이었어요. 더 이상 물러설 곳은 없었어요.

"제 아무리 이순신이라고 해도 이번에는 우리를 막지 못할 것이다. 돌진하라!"

일본군은 무려 백삼십삼 척이나 되는 배를 이끌고 울돌목을 향해 다가왔어요.

이순신은 군사들을 격려했어요.

"죽고자 하면 살 것이고, 살고자 하면 죽을 것이다. 한 사람이 길목을 지키면 천 명도 두렵게 할 수 있다. 죽음을 두려워 말고 싸우라!"

　이순신은 맨 앞에 서서 대포와 화살을 퍼부었어요. 군사들은 끝도 없이 밀려오는 일본군을 보고 겁에 질려 주춤거렸어요.
　"적의 배가 아무리 많아도 한꺼번에 우리를 공격할 수는 없다. 물살이 바뀔 때까지 결코 물러서지 마라!"
　조선 수군은 가까스로 일본군을 막아 냈어요.
　잠시 후 마침내 물살이 일본군이 있는 방향으로 빠르게 흐르기 시작했어요.
　"이때다! 모두 앞으로 나가 왜적을 무찔러라!"

조선 수군이 화포를 쏘며 돌격하자, 당황한 일본군은 뒤로 물러나려 했어요. 하지만 거센 물살에 배를 돌리지 못했어요. 물살에 휘말린 배들이 하나둘 깨어지고 부서졌어요. 곧 수십 척의 배가 불타고 바다에 가라앉았지요. 겨우 살아남은 일본군은 허겁지겁 도망치기 바빴어요.
　"와, 우리가 이겼다! 왜적을 물리쳤다!"
　군사들의 함성 소리가 하늘 높이 울려 퍼졌어요. 단 열세 척의 배로 백삼십삼 척의 일본군을 물리친 기적 같은 승리였어요.

"많은 군사도 이순신 하나를 상대하지 못하는구나!"

이순신에게 패한 일본군은 조선 수군을 멀찍이서 보기만 해도 달아났어요. 오랜 전쟁에 지칠 대로 지쳐 싸울 힘도 바닥이 드러났지요. 그러던 중에 임진왜란을 일으킨 도요토미가 병으로 갑자기 죽었어요. 일본군은 앞다퉈 일본으로 돌아가려 했어요. 하지만 이순신이 바다를 지키는 한 마음대로 돌아갈 수는 없었어요.

"백성들이 흘린 피와 눈물을 모두 씻으리라! 단 한 척의 배도 우리 바다를 벗어나지 못하리라!"

  1598년 11월 19일 새벽, 이순신은 명나라 수군과 함께 노량(오늘날의 남해도와 하동 사이에 있는 나루터) 앞바다로 나아갔어요. 수백 척의 배들이 일본으로 갈 채비를 갖추고 있었어요.

  "북을 울려라! 한 놈도 살려 보내지 마라!"

  이순신의 목소리가 벼락처럼 터져 나오자 대포와 불화살이 어두운 하늘을 갈랐어요. 겁에 질린 일본군은 우왕좌왕했어요. 달아나던 배들은 서로 뒤엉켜 부서지고, 불길에 휩싸여 가라앉았어요.

싸움은 하루가 지나고 다시 밤이 새도록 계속되었어요. 이순신은 북을 크게 두드리며 군사들을 지휘했어요. 그때 어디선가 날아온 총탄이 이순신의 왼쪽 가슴을 파고들었어요. 이순신은 중심을 잃고 쓰러졌어요.

곁에서 이순신을 지키던 아들 회와 조카 완이 깜짝 놀라 다가왔어요.

"방패로 앞을 가려라. 싸움이 한창이니 나의 죽음을 알리지 말라."

이순신이 가쁜 숨을 몰아쉬며 말했어요. 세상에 남긴 이순신의 마지막 말이었어요.

이순신의 죽음과 함께 임진왜란도 끝이 났어요. 큰 승리를 거두었지만, 이순신이 세상을 떠났다는 소식에 백성들은 가슴을 치며 눈물을 흘렸어요. 힘겨운 전쟁에서 단 한 번도 패하지 않은 뛰어난 장수이자 백성과 군사들을 자식처럼 보살핀 지도자를 잃었기 때문이지요.

이순신은 오늘날에도 많은 사람들의 존경을 받고 있어요. 이순신 장군의 일기인 『난중일기』는 어려운 상황에서도 포기하지 않는 정신과 나라를 구하고자 했던 이순신의 굳은 마음을 생생하게 전해 주고 있지요.

♣ 사진으로 보는 이순신 이야기 ♣

임진왜란과 난중일기

　임진왜란은 1592년 임진년에 일본이 일으킨 전쟁이에요. 당시 조선은 전쟁이 일어나지 않은 지 오래되어 평화로웠어요. 그에 비해 일본은 오랜 전쟁을 마치고 막 통일이 된 참이었지요.
　일본을 통일한 도요토미 히데요시는 나라 밖으로 눈길을 돌리며 침략 전쟁을 벌이려 했어요. 조선에도 군사들을 보내 '명나라를 치러 가야 하니 조선은 길을 빌려 달라.'고 했어요. 조선이 이를 거절하자, 일본군은 기다렸다는 듯 조선을 공격했어요. 임진왜란이 시작된 거예요.
　칼과 화살을 든 조선군은 서양에서 들여온 조총으로 무장한 일본군에게 상대가 되지 못했어요. 일본군은 금세 부산을 무너뜨리고 한성까지 향했어요. 한 달 만에 평안도마저 일본군의 손아귀에 들어가자, 선조 임금은 명나라와 국경을 맞대고 있는 의주 지역까지 쫓겨 올라갔어요. 전국에서 일본군에게 피해를 입지 않은 곳은 권율이 이끄는 육군과 이순신이 이끄는 수군이 있는 전라도 지역뿐이었지요.

이순신은 전쟁 전에 미리미리 무기를 점검하고 배를 만들어 두었어요. 군사들을 훈련시키고 바닷길도 익혔어요. 덕분에 임진왜란 기간 동안 이순신은 단 한 번도 일본군에게 지지 않았어요.

이순신은 전라좌도 수군절도사가 된 뒤부터 자신이 보고 듣고 겪은 일을 꼼꼼하게 일기에 적었어요. 1592년부터 1598년까지의 일들을 담은 이 일기는 전쟁 중에 쓴 일기라는 뜻으로 '난중일기'라고 불리는데, 임진왜란 당시 조선의 정치, 경제, 사회의 모습을 고스란히 보여 줘요. 또 이순신이 조선 수군을 어떻게 훈련시키고 어떤 무기들을 사용했는지, 어떤 전술과 전략을 세워 일본군을 물리쳤는지 등을 통해 장군으로서 이순신의 뛰어난 자질도 엿볼 수 있지요.

이뿐만 아니라 『난중일기』에는 이순신의 인간적인 모습도 담겨 있어요. 어머니를 잃고 힘들어하는 모습, 가난하게 살아가는 사람들이 안타까워 자신의 옷을 나눠 주는 모습, 아들의 병을 걱정하

이순신 장군의 모습이에요.
우리나라 사람들이 존경하는
인물로 손꼽히지요.

는 모습 등에서 이순신의 따뜻한 마음을 느낄 수 있지요.

오늘날에도 『난중일기』는 많은 사람들의 사랑을 받고 있어요. 옳은 일을 행한 청렴하고 바른 장수이자, 누구보다 나라를 사랑한 애국자, 정성으로 백성을 돌보았던 관리인 이순신을 만날 수 있는 소중한 책이기 때문이에요.

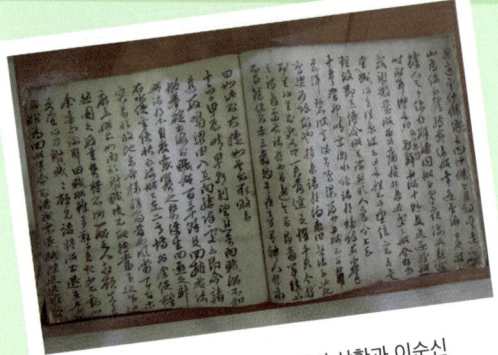

『난중일기』는 임진왜란 당시 조선의 상황과 이순신 장군의 됨됨이에 대해 알 수 있는 소중한 자료이지요.

나대용과 거북선

거북선이 처음 만들어진 것은 1400년 무렵이에요. 하지만 본격적으로 거북선을 전투에 사용해 그 우수함을 알린 사람은 이순신이 처음이에요.

이순신은 나대용의 도움을 받아 거북선을 만들었어요. 나대용은 무관으로, 10여 년 동안 우리나라에 필요한 배를 혼자서 연구하고 있었어요. 그러다 임진왜란이 일어나기 한 해 전인 1591년에 이순신을 찾

이순신 장군과 함께 거북선을 만든 나대용 장군이에요. 임진왜란 때는 여러 해전에서 일본 배를 무찌르는 큰 공을 세우기도 했지요.

아와 그 설계도를 보여 주었어요. 마침 전쟁을 위해 날쌔고 튼튼한 배를 만들고자 했던 이순신은 크게 반가워하며 나대용에게 거북선을 만드는 감독 자리를 맡겼어요. 그로부터 약 1년 후에 거북선이 탄생했어요.

당시 조선 수군이 주로 타던 배는 판옥선이었어요. 판옥선은 아주 높고 커서 적이 뛰어오르기 힘들었어요. 두꺼운 소나무로 만들어 튼튼할 뿐 아니라 배 안도 넓어 많은 군사들이 들어갈 수 있었어요. 하지만 바다에서 느리다는 단점이 있었어요. 반대로 일본의 배는 가볍고 날쌨어요. 그래서 '왜적'이라 불렸던 일본의 해적들은 빠르게 적을 공격하고 도망칠 수 있었어요.

거북선은 판옥선을 개조해 만든 튼튼하고 강한 배였어요. 길이는 26~28미터였고, 높이는 2층 건물 높이인 6미터 정도였어요. 등에는 송곳을 꽂아 적이 기어오르지 못하게 했고, 사방에 화포 구멍을 만들어 포탄을 날릴 수 있게 했어요. 그중 가장 큰 화포는 900미터까지 포탄을 쏠 수 있었지요.

일본 수군은 조선 배에

거북선은 지붕에 뾰족한 송곳을 꽂아 적들이 기어오르지 못하게 했고, 사방으로 화포를 놓아 적의 접근을 막았어요.

올라타 활과 조총으로 싸움을 하곤 했어요. 하지만 거북선은 뾰족한 송곳 때문에 올라타기 쉽지 않았지요. 이순신은 거북선을 앞세워 일본 배 무리로 접근한 다음 일본 배를 부수고 무리를 흩뜨렸어요. 그러면 뒤를 따라오던 판옥선이 포탄을 퍼부었지요. 이렇듯 거북선은 일본군을 물리치고 우리 바다를 지켜 내는 데 큰 도움이 되었어요.

이순신 장군의 주요 전투

이순신은 슬기로운 장수였어요. 언제나 전쟁을 대비해 군사들을 훈련시키고 무기를 갖추어 두었어요. 전쟁 시 먹을 식량도 미리미리 저장해 두었지요. 또 전쟁 때는 상황을 꼼꼼히 살핀 다음 그에 맞는 작전으로 적에 맞섰어요. 이순신이 지휘한 전투 중 가장 유명한 전투는 한산도 대첩, 명량 대첩, 노량 해전이에요.

한산도 대첩에서 조선 수군은 큰 승리를 거두었어요. 한산도 앞바다로 적을 꾀어내고, 학이 날개를 펼친 모습으로 배를 배치했던 것이 효과를 보았지요.

한산도 대첩은 한산도(오늘날의 경남 통영시) 부근에서 일어난 큰 전투를 가리켜요. 이순신은 작은 배 몇 척으로 일본 배를 꾀어내 한산도 앞바다로 나왔어요. 그다음 배들을 학이 날개를 펼친 모양으로 줄 세워 일본 배들을 둘러쌌지요. 이순신은 거북선과 화포를 이용해 일본 배를 공격했어요. 한산도 대첩에서 일본군은 배 약 60척과 수많은 군사를 잃고 한동안 조선의 바다를 넘보지 못했어요.

명량 대첩은 물살이 아주 세차게 흐르는 울돌목(오늘날의 진도와 해남 사이 바다)에서 일어났어요. 이순신은 이곳에서 단 13척의 배로 133척의 왜선을 물리쳤어요. "죽고자 하면 살 것이고, 살고자 하면 죽을 것이다."라고 외치며 군사들의 사기를 북돋우고 물살을 잘 살핌으로써 승리를 거두었지요.

명량 대첩 축제에서 조선 수군과 일본 수군의 싸움을 다시 되살려 냈어요.

노량 해전은 노량(오늘날의 남해도와 하동 사이에 있는 나루터) 앞바다에서 조선 수군과 명나라 연합군이 함께 일본군에 맞선 전투예요.

이순신은 도요토미 히데요시의 죽음을 접하고 일본으로 도망가려는 일본군을 공격해 조선을 침략한 대가를 톡톡히 보여 주었지요. 이 전투에서 이순신은 일본군의 총탄에 맞아 숨을 거두었어요. 노량 해전을 끝으로 7년 동안 이어진 임진왜란은 끝났어요.

노량 해전 모습을 그린 그림이에요.
이순신 장군은 이 전투에서 세상을 떠났어요.

이순신 장군의 발자취
　이순신은 우리나라 사람들이 가장 사랑하는 위인 중 한 명이에요. 그래서 전국 곳곳에 이순신을 기리는 전시관이나 사당(조상의 위패를 모셔 놓은 곳)이 있어요.
　충청남도 아산에는 이순신의 위패를 모신 **현충사**가 있어요. 위패란 돌아가신 분의 이름을 적은 나무패를 말해요. 현충사는 이순신이 숨을 거둔 지 약 100년 뒤인 1706년, 숙종 임금이 다스릴 때 세워졌어요. 이곳에서는 이순신의 모습을 그린 그림인 「십경도」와 이순신의 일기인 『난중일기』, 이순신의 유품 등을 볼 수 있어요. 현충사 근처에는 이순신이 어릴 때 살았던 외갓집도 있어요.
　현충사에는 **충무공 이순신 전시관**이 있어요. 이곳에서는 다양한 사진 자료, 영상 자료로 이순신에 대해 배울 수 있어요. 임진왜란 당시 모습을 생생히 접할 수 있는 포디(4D) 체험 영상실도 마련되어 있지요.

경상남도 진해에 있는 **해군 사관 학교 박물관**에도 이순신과 관련된 다양한 자료가 전시되어 있어요. 이순신의 초상화, 선박 그림, 임진왜란 당시의 각종 무기 등을 볼 수 있지요. 또한 해군 사관 학교 선착장에서는 『이충무공전서』에 나온 거북선을 참고하여 복원한 거북선도 볼 수 있어요.

이순신이 머무르며 많은 전투를 치렀던 전라도에는 이순신을 기리는 유적지들이 많아요. 그중 해남에 있는 **우수영 국민 관광지**는 명량 대첩을 기념해 만들어졌어요. 유물 전시관에는 명량 대첩의 모습을 그린 그림을 비롯해 거북선 모형, 판옥선 모형, 여러 가지 무기 등이 전시되어 있고 전망대에서는 명량 대첩이 일어났던 울돌목을 한눈에 볼 수 있어요.

함께 보면 쏙쏙 이해되는 역사

◆ 1545년
한성에서 태어남.

◆ 1550년대
집안 형편이 어려워
외갓집이 있는
충청도 아산으로 이사를 감.

1540　　　　　**1550**

◆ 1591년
전라좌도 수군절도사가 됨.
거북선을 만들어 전쟁에
대비함.

◆ 1592년
옥포 해전에서 승리함.
한산도 대첩에서 승리함.

◆ 1593년
경상도, 전라도,
충청도의 바다를
지키는 삼도
수군통제사가 됨.

1590　　　　　**1593**

• 1592년
임진왜란이 시작됨.
일본군에 밀려 선조는
피란을 감.
김시민이 제1차 진주성
전투에서 승리함.

• 1593년
권율이 행주 대첩에서
승리함.
제2차 진주성 전투에서
패배함.
선조가 한성으로 돌아옴.

◆ 이순신의 생애
● 임진왜란 진행 과정

1576년
무과 시험에 합격함.

1580년
전라도 발포에서
바다를 지킴.

1589년
전라도 정읍을 다스리는
현감이 됨.

1570   **1580**

1597년
선조의 명령을 어겨
한성으로 끌려감.
다시 삼도 수군통제사가 됨.
명량 대첩에서 승리함.

1598년
1592년부터 7년간의
임진왜란을 정리해
『난중일기』를 씀.
노량 해전을 승리로
이끌고 세상을 떠남.

1597   **1598**

1597년
가토가 14만 명가량의
일본군을 이끌고 다시
조선에 쳐들어와
정유재란을 일으킴.

1598년
임진왜란이 끝남.

추천사

「새싹 인물전」을 펴내면서

　요즈음 아이들에게 '훌륭한 사람'이 누구냐고 물으면 '돈 많이 버는 사람'이라고 대답한다고 합니다. 초등학생의 태반은 가수나 배우가 되고 싶어 하고요. 돈 많이 버는 사람이나 연예인이라는 직업이 나쁘다는 것이 아니라, 아이들이 각자가 갖고 있는 재능과는 상관없이 모두 똑같은 꿈을 갖는 것 같아 걱정입니다. 또 한편으로는 아이들이 진정 마음으로 닮고 싶은 사람에 대한 정보가 부족한 것은 아닌가 하는 생각도 듭니다.

　어릴수록 위인 이야기의 힘은 큽니다. 아직 어리고 조그마한 아이들은 자신이 보잘것없다고 생각하고 위인들의 성공에 감탄합니다. 하지만 그네들에게는 끝없이 열린 미래가 있습니다. 신화처럼 빛나는 위인들의 모습은 아이들에게 훌륭한 역할 모델이 되고, 그런 삶을 살기 위해 무엇을 어떻게 해야 할지를 알려 주는 밝은 등대가 됩니다.

　그렇다면 우리가 어른으로서 아이들에게 권해야 할 위인전은 무엇일까요? 보통 우리가 생각하는 '위인'은 훌륭한 업적을 남긴

위대한 사람, 멋지고 능력 있는 사람입니다. 하지만 시대가 변했으니 아이들이 역할 모델로 삼을 수 있는 위인의 정의나 기준도 변해야 할 것입니다.

그런 의미에서 비룡소의 「새싹 인물전」은 종래의 위인전과는 다른 점이 많습니다. 시리즈 이름이 '위인전'이 아닌 '인물전'이라는 데 주목하기 바랍니다. 「새싹 인물전」은 하늘에서 빛나는 위인을 옆자리 짝꿍의 위치로 내려놓습니다. 만화 같은 친근한 일러스트는 자칫 생소할 수 있는 옛사람들의 이야기를 일상에서 만날 수 있는 재미있는 사건처럼 보여 줍니다.

또 하나, 「새싹 인물전」에는 위인전에 단골로 등장하는 태몽이나 어린 시절의 비범한 에피소드, 위인 예정설 같은 과장이 없습니다. 사실 이런 이야기들은 현대를 사는 아이들에게는 황당하고 이해하기 힘든 일일 뿐입니다. 그보다는 천 리 길도 한 걸음부터, 큰 성공도 자잘한 일상의 인내와 성실함이 없었다면 이루어질 수 없었다는 것을 알려 주는 것이 중요합니다. 세상 사람들의 우러름을 받는 이들도 여느 아이들과 같은 시절을 겪었음을 보여 줌으로써, 아이들에게 괜한 열등감을 주지 않고 그네들의 모습을 마음속에 담을 수 있도록 해 주는 것입니다.

  덧붙여 위인전이란 그 인물이 얼마나 훌륭한 업적을 남겼는가 보여 주는 것도 중요하지만, 얼마나 참된 인간다움을 보였는가를 알려 줄 필요도 있습니다. 여기서 '인간다움'이란 기본적인 선함과 이해심, 남을 위해 봉사할 수 있는 사랑과 배려, 그리고 한 가지 목표를 설정하고 앞으로 나아갈 수 있는 의지와 용기를 말합니다. 성취라는 결과보다는 성취하기 위한 과정을 보여 주고, 사회적인 성공보다는 한 인간으로서 얼마나 자기 자신에게 철저하고 진실했는지를 보여 주는 것이 중요하다는 것입니다.

  하지만 아무리 좋은 가르침도 사랑과 따뜻함이 없으면 억누름과 상처가 될 뿐이겠지요. 「새싹 인물전」은 나의 노력과 의지에 따라 얼마든지 의미 있는 삶을 살 수 있음을 알려 줍니다. 내가 알고 있는 삶 외에도 또 다른 삶이 존재할 수 있다는 것, 꿈을 키우고 이루어 가는 과정에서 배우고 경험하게 되는 것들의 가치, 그런 따뜻함을 담고 있는 위인전입니다. 부디 이 책이 삶의 첫발을 내딛는 아이들에게 좋은 길잡이가 되었으면 하는 바람입니다.

기획 위원

박이문(전 연세대 교수, 철학)
장영희(전 서강대 교수, 영문학)
안광복(중동고 철학 교사, 철학 박사)

● 사진 제공
67, 68, 70~72쪽_ 연합 뉴스. 69쪽_ ⓒFeth/ 위키피디아.

글쓴이 김종렬

경기도 파주에서 태어나 중앙 대학교 문예 창작학과를 졸업했다. 2002년 『날아라, 비둘기』로 황금도깨비상을 받았다. 지은 책으로 『길모퉁이 행운돼지』, 『내 동생은 못 말려』, 『난생신화 조작 사건』, 『해바라기 마을의 거대 바위』, 『우리의 소원은 독립이오』, 『최무선』, 『정조 대왕』 등이 있다.

그린이 백보현

홍익 대학교에서 시각 디자인을 공부했고, 현재는 그림책 작가로 활동하고 있다. 그린 책으로 『박지원』, 『고맙습니다』, 『심부름 말』, 『동명왕편』, 『행복한 한국사 초등학교 4』, 『꽃신 찾아 우리 집 한 바퀴』 등이 있다.

새싹 인물전 이순신
053

1판 1쇄 펴냄 2013년 5월 24일   1판 14쇄 펴냄 2020년 5월 22일
2판 1쇄 펴냄 2021년 5월 28일   2판 6쇄 펴냄 2025년 5월 14일

글쓴이 김종렬   그린이 백보현
펴낸이 박상희   편집장 전지선   편집 송재형   디자인 박연미, 이유림
펴낸곳 (주)비룡소   출판등록 1994.3.17. (제16-849호)
주소 06027 서울시 강남구 도산대로1길 62 강남출판문화센터 4층
전화 02)515-2000   팩스 02)515-2007   홈페이지 www.bir.co.kr
제품명 어린이용 각양장 도서   제조자명 (주)비룡소   제조국명 대한민국   사용연령 3세 이상

ⓒ 김종렬, 백보현, 2013. Printed in Seoul, Korea

ISBN 978-89-491-2933-4 74990
ISBN 978-89-491-2880-1 (세트)

「새싹 인물전」시리즈

- 001 **최무선** 김종렬 글 이경석 그림
- 002 **안네 프랑크** 해리엇 캐스터 글 헬레나 오웬 그림
- 003 **나운규** 남찬숙 글 유승하 그림
- 004 **마리 퀴리** 캐런 월리스 글 닉 워드 그림
- 005 **유일한** 임사라 글 김홍모·임소희 그림
- 006 **윈스턴 처칠** 해리엇 캐스터 글 린 윌리 그림
- 007 **김홍도** 유타루 글 김홍모 그림
- 008 **토머스 에디슨** 캐런 월리스 글 피터 켄트 그림
- 009 **강감찬** 한정기 글 이홍기 그림
- 010 **마하트마 간디** 에마 피시엘 글 리처드 모건 그림
- 011 **세종 대왕** 김선희 글 한지선 그림
- 012 **클레오파트라** 해리엇 캐스터 글 리처드 모건 그림
- 013 **김구** 김종렬 글 이경석 그림
- 014 **헨리 포드** 피터 켄트 글·그림
- 015 **장보고** 이옥수 글 원혜진 그림
- 016 **모차르트** 해리엇 캐스터 글 피터 켄트 그림
- 017 **선덕 여왕** 남찬숙 글 한지선 그림
- 018 **헬렌 켈러** 해리엇 캐스터 글 닉 워드 그림
- 019 **김정호** 김선희 글 서영아 그림
- 020 **로버트 스콧** 에마 피시엘 글 데이브 맥타가트 그림
- 021 **방정환** 유타루 글 이경석 그림
- 022 **나이팅게일** 에마 피시엘 글 피터 켄트 그림
- 023 **신사임당** 이옥수 글 변영미 그림
- 024 **안데르센** 에마 피시엘 글 닉 워드 그림
- 025 **김만덕** 공지희 글 장차현실 그림
- 026 **셰익스피어** 에마 피시엘 글 마틴 렘프리 그림
- 027 **안중근** 남찬숙 글 곽성화 그림
- 028 **카이사르** 에마 피시엘 글 레슬리 뷔시커 그림
- 029 **백남준** 공지희 글 김수박 그림
- 030 **파스퇴르** 캐런 월리스 글 레슬리 뷔시커 그림
- 031 **유관순** 유은실 글 곽성화 그림
- 032 **알렉산더 벨** 에마 피시엘 글 레슬리 뷔시커 그림
- 033 **윤봉길** 김선희 글 김홍모·임소희 그림
- 034 **루이 브라유** 테사 포터 글 헬레나 오웬 그림
- 035 **정약용** 김은미 글 홍선주 그림
- 036 **제임스 와트** 니컬라 백스터 글 마틴 렘프리 그림
- 037 **장영실** 유타루 글 이경석 그림
- 038 **마틴 루서 킹** 베르나 윌킨스 글 린 윌리 그림
- 039 **허준** 유타루 글 이홍기 그림
- 040 **라이트 형제** 김종렬 글 안희건 그림
- 041 **박에스더** 이은정 글 곽성화 그림
- 042 **주몽** 김종렬 글 김홍모 그림
- 043 **광개토 대왕** 김종렬 글 탁영호 그림
- 044 **박지원** 김종광 글 백보현 그림
- 045 **허난설헌** 김은미 글 유승하 그림
- 046 **링컨** 이명랑 글 오승민 그림
- 047 **정주영** 남경완 글 임소희 그림
- 048 **이호왕** 이영서 글 김홍모 그림
- 049 **어밀리아 에어하트** 조경숙 글 원혜진 그림
- 050 **최은희** 김혜연 글 한지선 그림
- 051 **주시경** 이은정 글 김혜리 그림
- 052 **이태영** 공지희 글 민은정 그림
- 053 **이순신** 김종렬 글 백보현 그림
- 054 **오드리 헵번** 이은정 글 정진희 그림
- 055 **제인 구달** 유은실 글 서영아 그림
- 056 **가브리엘 샤넬** 김선희 글 민은정 그림
- 057 **장 앙리 파브르** 유타루 글 하민석 그림
- 058 **정조 대왕** 김종렬 글 민은정 그림
- 059 **나폴레옹 보나파르트** 남찬숙 글 남궁선하 그림
- 060 **이종욱** 이은정 글 우지현 그림

061	**박완서** 유은실 글 이윤희 그림
062	**장기려** 유타루 글 정문주 그림
063	**김대건** 전현정 글 홍선주 그림
064	**권기옥** 강정연 글 오영은 그림
065	**왕가리 마타이** 남찬숙 글 윤정미 그림
066	**전형필** 김혜연 글 한지선 그림
067	**이중섭** 김유 글 김홍모 그림
068	**그레이스 호퍼** 박주혜 글 이해정 그림
069	**석주명** 최은옥 글 이경석 그림
070	**박자혜** 유은실 글 서영아 그림
071	**전태일** 김유 글 박건웅 그림
072	**스티븐 호킹** 성완 글 국민지 그림

* 계속 출간됩니다.